POEMAS CRÔNICOS
impressões do eu, retratos do outro

Editora Appris Ltda.
1.ª Edição - Copyright© 2023 da autora
Direitos de Edição Reservados à Editora Appris Ltda.

Nenhuma parte desta obra poderá ser utilizada indevidamente, sem estar de acordo com a Lei nº
9.610/98. Se incorreções forem encontradas, serão de exclusiva responsabilidade de seus organi-
zadores. Foi realizado o Depósito Legal na Fundação Biblioteca Nacional, de acordo com as Leis nºs
10.994, de 14/12/2004, e 12.192, de 14/01/2010.

Catalogação na Fonte
Elaborado por: Josefina A. S. Guedes
Bibliotecária CRB 9/870

R696p
2023
	Rodrigues, Erisângela Brasil
	    Poemas crônicos : impressões do eu, retratos do outro / Erisângela
	Brasil Rodrigues. – 1. ed. – Curitiba : Appris, 2023.
	    103 p. 21 cm.
	
	    ISBN 978-65-250-4260-2
	
	    1. Poesia brasileira. 2. Meio ambiente. I. Título.
	
	                                                                CDD – B869.1

Appris
editora

Editora e Livraria Appris Ltda.
Av. Manoel Ribas, 2265 – Mercês
Curitiba/PR – CEP: 80810-002
Tel. (41) 3156 - 4731
www.editoraappris.com.br

Printed in Brazil
Impresso no Brasil

ERISANGELA BRASIL RODRIGUES

POEMAS CRÔNICOS
impressões do eu, retratos do outro

FICHA TÉCNICA

EDITORIAL
Augusto Vidal de Andrade Coelho
Sara C. de Andrade Coelho

COMITÊ EDITORIAL
Marli Caetano
Andréa Barbosa Gouveia (UFPR)
Jacques de Lima Ferreira (UP)
Marilda Aparecida Behrens (PUCPR)
Ana El Achkar (UNIVERSO/RJ)
Conrado Moreira Mendes (PUC-MG)
Eliete Correia dos Santos (UEPB)
Fabiano Santos (UERJ/IESP)
Francinete Fernandes de Sousa (UEPB)
Francisco Carlos Duarte (PUCPR)
Francisco de Assis (Fiam-Faam, SP, Brasil)
Juliana Reichert Assunção Tonelli (UEL)
Maria Aparecida Barbosa (USP)
Maria Helena Zamora (PUC-Rio)
Maria Margarida de Andrade (Umack)
Roque Ismael da Costa Güllich (UFFS)
Toni Reis (UFPR)
Valdomiro de Oliveira (UFPR)
Valério Brusamolin (IFPR)

SUPERVISOR DA PRODUÇÃO
Renata Cristina Lopes Miccelli

PRODUÇÃO EDITORIAL
Nicolas da Silva Alves

REVISÃO
Mateus Soares de Almeida
Isabela do Vale Poncio

DIAGRAMAÇÃO
Renata C. L. Miccelli

CAPA
Julie Lopes

Ao meu pai, Antônio Correia Brasil.

AGRADECIMENTOS

Agradeço à Estel Brasil, José Rodrigues, Janderson Brasil e Antônia de Brito pelos incentivos e colaboração.

O sertanejo é, antes de tudo, um forte.
(Euclides da Cunha)

SUMÁRIO

A VIDA SE GASTA 15
A BELEZA DE CADA MANHÃ 17
O DOCE AMARGO DO AÇÚCAR 18
O PLANTADOR DE ÁRVORES 19
ASSOMBRO 20
METAMORFOSE DESESTRUTURANTE 21
À SÃO PAULO 22
MÚSICA E CONTESTAÇÃO 23
DISCURSOS 25
VIDAS SECAS 26
SUJEITO OCULTO 28
JARDIM DE CINZAS 29
CERRAÇÃO 30
SORRISO APARENTE 31
MUTILAÇÃO 32
FOI-SE O TEMPO 33
LAVADEIRA 34
FUGA 35
ÊXODOS 36
ILHA DO ABANDONO 38
INTRUSÃO 39
ÁGUAS DE MARIANA 40

(IN)PROGRESSO 41
ADIVINHAÇÃO 43
MENINO TRISTE 44
CATADORES DE SONHOS 45
RESISTÊNCIA 46
CAMINHÃO BOIADEIRO 47
PIRÂMIDE 48
IMPRESSÃO 49

SOCIEDADE IMPOSITIVA.. 51

TERRA E LUTA...52

A DOR DO INVISÍVEL..53

HORIZONTE PÁLIDO...54

DEVASTAÇÃO...55

AGONIA...57

COMEMORAÇÃO POR QUÊ?.. 58

MOTE: TUDO O QUE É SÓLIDO DESMANCHA NO AR............ 59

AOS MESTRES, COM CARINHO!... 61

ANIMAL NA PISTA.. 63

MEUS VERSOS.. 65

CABOCLO SERTANEJO... 66

VIAGEM... 68

A MENINA DO TRICICLO... 69

PÁSSARO CATIVO...71

FUGA...72

PESCADOR DE ILUSÕES..73

PRESSA..74

SERTÃO..75

PRESENTE..76

MOTE: À SOMBRA DAQUELE ALGAROBA
REPOUSA MINHA LEMBRANÇA..77

SAUDADE..79

NATUREZA MORTA.. 80

RECORDAÇÃO.. 81

AUTORRETRATO... 83

VEREDAS... 84

PASSAGEM.. 85

O TEMPO.. 86

O CARTEIRO...87

CASA AMARELA... 88

MEMÓRIA... 90

O JARDINEIRO... 91

À LUZ DE VELA... 92

AMOR PLATÔNICO.. 93

SAUDOSA INFÂNCIA..94
PAI HERÓI..97
RESSENTIMENTO..99
PRESENÇA..100
LEALDADE..101
MARINA..102

A VIDA SE GASTA

"Somos produto da nossa sociedade,
Somos resultado do tempo"[1], que passa
Os ponteiros da cronologia dos relógios
Cronometrando a vida que se gasta.

É o amor sob múltiplas faces:
A dor da partida, a alegria da chegada
O sofrimento da perda, a surpresa da descoberta...
A vida é pedra que o tempo gasta.

É o trabalho e suas metamorfoses,
Que edifica alguns e suga d'outros a alma.
Quem não trabalha enriquece à custa
De quem tem a vida pelo trabalho gasta.

E a miséria é um buraco medonho
Que se perpetua das mesas mais fartas,
Um roubo da humanidade e seu significado,
A espoliação da vida que se gasta.

E a guerra — essa máquina intransigente —,
Que transforma mar de gente em carcaças!
Homens extirpados de humanidade,
Tornados monstros que outras vidas gastam.

---

[1] Frase de Pepe Mujica, ex-presidente do Uruguai.

O mundo está indefinido entre muros e pontes,
Pois sua balança está desequilibrada.
É preciso ressignificar o tempo e os sonhos
Antes que a vida esteja de todo gasta.

A BELEZA DE CADA MANHÃ

A cada manhã, quando abro a janela,
Sou presenteada pela natureza:
O céu de um azul infinito, iluminado,
Um grande sol de raios dourados,
E a canção de pássaros que chamam à lida
E, mesmo quando as nuvens escurecem,
Pode ser o anúncio de que, em tempo breve,
As águas da chuva semearão mais vida.

Eu não preciso ser jardineiro especialista em flores
Para apreciar suas cores e delicadeza.
É preciso cuidar dos jardins, cultivá-los
E até os espinhos das rosas, deixá-los,
Pois mesmo eles têm válida serventia.
Às vezes, é preciso se achegar de leve
Para que as borboletas não se dispersem
Nem sejam levadas pela ventania.

O DOCE AMARGO DO AÇÚCAR

Todos os dias, pela manhã,
Adoçamos com açúcar o café
Com o açúcar que veio da cana
Que foi plantada pelo trabalhador.
A cana-de-açúcar que, cultivada,
Adoçou mais ainda a vida do dono
E calejou as mãos de quem a plantou.
Trouxe de longe os boias-frias,
O camponês valente que queria
Levar pra família também a doçura
Do suor derramado até noite escura,
E, no entanto, melaram seu sonho de dor.

Esse açúcar, tão branco, refinado,
Com o qual adoçamos à tarde o chá,
Que veio da cana que fora plantada
Pelas mãos calejadas do agricultor,
Também lembra o sal do suor derramado
Nas lágrimas de saudade, pelo sol misturado,
De um lugar longínquo e pálido
Onde a doçura, brancura ou refino
Estão longe da mesa do trabalhador.

O PLANTADOR DE ÁRVORES

Cultivo sombras, frutos e pássaros!
As árvores são senhoras no meu sertão.
Quando o céu está cinza e o chão está árido,
Também taciturno está meu coração.

Oh, árvores! Mais valiosas que o artigo mais caro!
Abrigo das aves de arribação...
Suas raízes profundas são o sustentáculo
Protegem a terra das feridas da erosão.

Eu me escondi tantas vezes nas tuas copas imponentes
Até que minha tristeza morresse com o sol poente
E tuas folhas me acalmassem então.

Me balancei nos teus galhos flexíveis e fortes,
Sob tua sombra fiz confidências nobres
E registrei nos teus troncos com as próprias mãos.

ASSOMBRO

Minh'alma está assombrada!
Antes não tivesse adentrado o ônibus
Nem olhado através da janela.

Era dia chuvoso, cinzento e frio
Desses que desbotam o humor
Como quando se descolore a aquarela.

Eu não devia ter olhado com as lentes
Da realidade alquebrada.

Mas que jeito? Não se pode fugir,
Fingir demência onde há consciência,
Esconder-se dentro da mala.

Vi o horror imóvel qual pedra:
Um ser humano seminu sobre a merda
Sem direitos, sem dignidade, sem nada...

METAMORFOSE DESESTRUTURANTE

Cá no bairro onde há tempo resido,
Grande floresta outrora existia,
Porém, a selva de pedras — retalhada e cinzenta —
Ganhou terreno e, hoje em dia,
Muitas casas e ruas desalinhadas
Compõem um cenário de desarmonia.

Na escola cá do bairro,
Resistem ainda, imponentes e belas,
Algumas árvores que preservaram
E que ninguém repara muito nelas.
Mas nem o tempo, que a tudo curva,
Secou a beleza daquelas árvores velhas.

O ambiente se metamorfoseia
Pela ação humana que é também transformada [...]
A cada tempo, em cada espaço,
Devorando o mundo, devolvendo migalha.
E assim o verde, confinado e escasso,
Espera constante nova alvorada.

À SÃO PAULO

São Paulo, acolhedora...
Quem chega a pisar no teu chão
Se surpreende e jamais te esquece.
És a fonte da qual muitos bebem,
Do retirante és o coração.

Ah! São Paulo da garoa,
Dos dias quentes de alegria
Ou dos frios de solidão.
A tua essência o concreto esconde,
Porém, tua grandeza estonteante
Se construiu por variadas mãos.

Os contrastes que te deixam marcas
São traços que não se fizeram em vão.
A diversidade que hoje ostentas,
Os laços fortes que te sustentam,
Fazem da tua existência a razão.

MÚSICA E CONTESTAÇÃO

Se fosse outrora talvez não pudéssemos
Aqui estarmos a escrever uma página
D'uma história que começou há um tempo
Sob aspectos que há muitos marcaram.
A história se faz de momentos,
Desencadeia-se pelo pensamento
E se transforma com o passar das datas.

Em algumas delas as sombras da noite
Encobriram os rastros dos que caminhavam.
Na sua calada se calavam as vozes
Cuja liberdade sem cessar cantavam.
Mas nenhum ato dentre os mais atrozes,
Desferido por cruéis algozes,
Imobilizou aos demais que lutavam.

Fora a música feita instrumento
A serviço de distintas ideologias
E o resultado do voraz confronto
Ou libertava ou suprimia.
Certo é que esse desencontro
Abriu caminho, fez afirmar o canto
Que protestava contra a tirania.

Se a arte ilustra o mundo,
A música é o som que decanta a vida,
Que protesta, alegra e representa
O que as gerações em todo tempo aspiram.
É a expressão que se alimenta
Das realidades, dos sonhos, das lendas,
Que a alma tocam e sensibilizam.

DISCURSOS

Discursos vários lançam no país
Dizem do compromisso com a inclusão,
Contra o preconceito, o racismo...
Se fala muito na promoção
Da cidadania e da igualdade
Para erradicar da sociedade
A margem larga da exclusão.

Até que ponto há veracidade
No que ouvimos — ou são discursos falsos,
Que só sugerem, mas não desencadeiam
Ações deveras que vão ao encalço
Do mal, que apodrece desde a raiz
E se espalha cego no país,
Muitos sabendo que arrocham o laço?

Democracia é palavra bela
Bem difundida, defendida, usual.
Mas as desigualdades crescem a passos largos,
Aprofundam o caos social.
E os "midiáticos" promovem espetáculo,
Bestializam com seus sustentáculos
Como se fosse fato natural.

VIDAS SECAS

A mãe chora seu filho perdido
Na extensão da seca, na estação da fome.
A dor cortante que em seu coração paira
É a mesma dor que ao pai consome.

Seus filhos choram sem entender a cena
E choram ainda porque querem pão.
O pai, valente, se vê obrigado
A despedir-se, partir do sertão.

A mãe que fica faz todo o possível
Com os outros filhos uma cacimba cava
E vai "passando", se alimentando, pois,
Da fé que tem e do quase nada.

Os filhos pequenos no terreiro brincam
(De cavalo de pau, carro de lata...) pra esquecer
Que a barriga reclama a comida
E a boca pede água pra beber.

Enquanto isso, segue, mundo afora,
O pai tristonho, o "brabo" da casa,
Cujo trabalho é só no que pensa
E nas incertezas da sua estrada.

Enfrentar a sorte é seu desafio
Porque a sorte lhe fora lançada.
Não escolheu sua condição,
Mas esta fora predeterminada.

Quando voltar terá a paisagem
Em manto verde toda se encobrido
Já que o tempo em que a vida renasce
É a estação onde tem chovido.

Talvez não encontre mais o seu rebanho,
Não encontrará a mesma paisagem
Ou uns dos seus que por lá ficaram.
Mas encontrará alegre o arrimo
Que o encorajou por todo o caminho
Quando as esperanças quase baquearam.

SUJEITO OCULTO

Todas as tardes ele, sujeito,
No mesmo lugar, mesma aparência
Se mistura àquela paisagem
Como quem encarna a transparência.

Não é um quadro, é fato triste,
Realidade estampada em preto e branco
Para a qual os olhos veem, mas não enxergam
Embora presente no mesmo canto.

Parece imóvel, em pé ou sentado,
A contemplar aquilo que não pode obter.
Os ônibus passam, os carros, as pessoas...
E o mundo ao qual não deve pertencer.

Não importa o dia, calor ou frio
Vida vazia de expectativas, de lar.
Rotina perversa, ferida aberta, escória
Do mal social que o quer ocultar.

JARDIM DE CINZAS

No meu jardim não há flores...
A guerra transformou os jardins em escombros
E eu assisti à barbárie do porão escuro no qual me escondia:
Os tanques esmigalharam as fontes
Os estilhaços esfarraparam as flores
E muitas almas foram rasgadas.
Até mesmo o céu ficou opaco
Pelos flocos de cinza espalhados no ar.
Quem sobreviveu nunca mais foi inteiro
E precisará acreditar que é possível plantar um novo jardim
Mesmo que lhe falte uma mão.

CERRAÇÃO

De manhã, ao abrir a porta,
Não vi o sol a pintar o dia
Que estava pálido, silencioso,
Nem uma folha n'árvore se mexia.

A palidez determinava o tom
De tranquilidade e de melancolia.
Os passos solitários na estrada descalça,
O único som o qual se ouvia.

Ao observar a silhueta d'árvore,
Que do outro lado da cama se via,
Um espetáculo único: feixes de luz
Das fendas da árvore se sobressaíam.

E os feixes de luz desfizeram a carranca
Com que se vestia o meu coração.
Nevoeiro e luz, o mais belo quadro
Produzido pela cerração.

SORRISO APARENTE

Não mostre o teu sorriso aparente,
Sorriso não é só esboço de lábios
Nem brancura de dentes.

Se não comunicar com o olhar,
Não é sorriso de fato,
É movimento mecânico que falseia
O que esconde a mente.

Sorriso de verdade é reflexo
Da interioridade manifesta,
É o que deveras se sente.

MUTILAÇÃO

A árvore foi cortada pra passar o fio
A árvore foi cortada pra passar o trem
A árvore foi cortada pra passar a estrada
Pra passar o homem que vai e que vem.

A árvore foi cortada pra construir a escola
A árvore foi cortada pra construir a casa
A árvore foi cortada pra construir o prédio
Pra abrigar a fábrica onde o homem trabalha.

A árvore foi cortada pra construir a selva
— Selva de pedras, de cinza pintada.
Nem se importaram com os ninhos dos pássaros
Nem com o frescor que ela proporcionava.

As árvores pedem socorro ao balançar os galhos,
Elas estão morrendo, sendo mutiladas.
Haverá sombra pra aliviar o futuro
Ou o futuro será uma sombra drástica?

Plantemos agora mudas do verde,
Sementes de esperança que germinarão
A Terra febril se esgota e tem sede
Cuidemos das árvores, que equilíbrio trarão.

FOI-SE O TEMPO

Foi-se o tempo em que as vovós
Dormitavam nas cadeiras de balanço
Tecendo sonhos e entoando cantos
Que vêm de longe, lá de Cafundó.

As avozinhas que contavam histórias
De aventuras, assombros, espertezas
Reuniam todos à sua volta, à mesa,
A saborear gostosuras e compartilhar memórias.

Hoje as avós estão mais ocupadas:
Trabalham extra pra garantir o pão,
Arcar com a casa e com a educação
Dos "outros filhos", os netos de agora...

Ah! Mas ainda há um baú num canto guardado
Cheio de recordações, risadas, infâncias
Esperando que algum dia uma pequena criança
Abra-o e surpreenda-se com as lições do passado.

LAVADEIRA

No rio em que lavava a roupa,
Lavadeira lavava a alma.
Seu triste lamento escorria
Junto com o pranto seu
Descendo nas brancas águas
Em cansaço se esvaía
E, ao chegar ao fim do dia,
Só tinha mesmo de seu
O doce sonho do repouso
E mesmo isso esmaeceu.

Ah, se fosse como as águas
Que correm livres seu curso
Sem em pedra alguma parar...
Talvez pudesse viver
Ao invés de entoar os lamentos
Que embalam o seu cantar.

FUGA

Elas foram embora, fugidias,
Substituídas por tamanho espanto.
Restou apenas o silêncio num canto
Onde antes se cantava, encantava e sorria.

As mãos trêmulas, impacientes e tão frias
Se desentrelaçaram, assustadas que estavam,
E as poucas palavras — as que não naufragaram —
Sobreviveram à deriva do farol que as guia.

ÊXODOS

Muitas pessoas tornaram-se imigrantes
Por várias razões, menos opção.
Ficaram órfãs da terra e família,
Despossuídas de dignidade e pão.
Pouco lhes restou pra levar na mala:
Alguns objetos, a coragem e a cara
Pra garimpar melhor situação.

Os caminhos são cheios de percalços.
Há muitas pedras, estradas sem corrimão
E, sob escombros, corpos dilacerados,
Sonhos mutilados sem realização.
Olhares incertos em infâncias perdidas,
A dor lancinante de profundas feridas
Que nem com o tempo cicatrizarão.

Olhar para trás é correr o risco
De fraquejar no caminho e cair no chão,
Enxergar embaçado ao cair um cisco
Trazido pelos ventos do coração.
E num acesso de revolta desmedida
Inclinar-se a se despir da vida,
Perdendo a esperança e a própria razão.

Há muitos muros erguidos no mundo:
Físicos, sociais, mas de contenção
Pra conter as gentes que emergem do fundo
Das grandes crises e da alienação.
São sinônimo de indiferença, desrespeito,
A humanidade usurpada de seu leito
E açoitada pela exploração.

A solidariedade internacional é o imperativo
Capaz de levar os muros à implosão,
Abrir fronteiras, acolher os feridos,
Destruir as correntes da superexploração
Pra que não haja mais êxodos, exilados,
E o direito à vida seja preservado
Como valor inerente à cada cidadão.

ILHA DO ABANDONO

Que tristeza!
Ver nossos amigos nas ruas tortas
Com seus olhinhos pidões de estrela,
Andarilhando sob o impiedoso clima.
Desconhecem a razão
De tamanha impiedade
E, se pudessem falar com palavras, diriam:
O que há de errado em ser fiel,
Companheiro e amigo inestimável?
Pobres amigos!
Destituídos de pão, calor e abrigo,
Como cães sem osso, sem dono,
Desprezados à Ilha do Abandono...

INTRUSÃO

Não me venham agora com tolices,
Mesmices que já nos acostumaram.
Não mais importa que os caminhos parem
Porque as pedras já me tropeçaram.

E tanto calo, de passo em tropeço,
É que não calo, pois silêncio é fala.
Não me lancem olhares de vidro
Porque os olhos são janelas d'alma.

Chega de vomitar tantos vãos discursos,
Vãos de um trem cujo apito ensurdece.
Vejam os relógios! O tempo escorre
E o fio da meada, de tênue, se perde.

ÁGUAS DE MARIANA

Vês, as águas que vagam densas
Lentamente, pela vastidão tamanha?
Eram águas doces e límpidas,
Hoje, são "águas de Mariana".

Aquelas águas que cantavam entre fendas
Viraram lendas, são águas passadas.
Não movem moinhos, porque, de tão turvas,
Perderam a força que delas brotava.

Junto com as águas, a dor estupenda,
Que não cabe medida em nenhuma balança
De trabalhadores que perderam tudo
Nas águas tóxicas de Mariana.

A exploração desmedida condensa
A medida irracional do capital em voga.
Põe sob seu julgo os recursos, a vida,
Submetendo-os à sua lógica.

(IN)PROGRESSO

Madrugada, estradão semideserto,
Luz apagada, escuridão acesa,
Olhos fechados, e a roda do progresso
Passa por cima da natureza.

O tatu atravessa metade da estrada,
O tamanduá atravessa a outra metade,
Mas nenhum completa a travessia
Porque a roda tem mais velocidade.

Os bichos tentam escapar em vão
Da roda da máquina no canavial,
Mas a roda não para e segue compactando
O chão e os bichos numa massa igual.

A produção é a ordem para alcançar o progresso,
A lei do capital domina a produção
E domina a roda do tempo, que roda,
Em compasso com tal relação.

A roda não para, a produção não cessa,
Ainda que cesse a vida, a maioria padeça,
Segue a roda o ciclo vicioso
Da expropriação da vida pra produção da riqueza.

Só os trabalhadores unidos, sem pátria,
Que com o suor do trabalho regam o chão
Podem juntar suas ações, mãos e vozes
E dar à roda outra rotação.

ADIVINHAÇÃO

O que é, o que é:
Um pontinho verde escuro
Rodeado por uma vastidão verde claro?

R: Uma pequena porção de mata no meio da pastagem.

MENINO TRISTE

Menino, por que choras tanto, afinal?
Todos os dias, a mesma história:
Não quer a escola nem a ausência legal.
Quer sua mamãe — é por quem chora o menino —,
Quer sua presença por tempo integral.

Hoje é outro dia, mas também é igual.
Menino adentra a escola, coração fica lá fora
Quando a mamãe lhe acena com um tchau...
Menino conta os dias no calendário
Até chegar ao seu final.

Menino chora, não compreende o recital:
Mamãe trabalha dobrado pra pagar o mercado,
E outras contas e tal...
Junta as mãos, faz uma prece o menino
Pelo carinho da mãe incondicional.

CATADORES DE SONHOS

Não olhes com desdém os catadores!
Só porque não trabalham com a essência das flores,
Não menos importantes o são.
São garimpeiros urbanos, trabalhadores
A extrair a vida em face aos dissabores,
Garantindo, a cada dia, dignidade e pão.

O mercado produz tanta riqueza em produtos,
Valoriza a troca em detrimento do uso
Como o capital faz da vida mercadoria.
A obsolescência torna-se a regra do futuro
E o que já não "serve", joga-se no monturo
— Lugar comum de muita tralharia.

O meio ambiente tão hostilizado
Tem seus recursos vorazmente arrancados
Pra satisfação do mercado consumidor.
E o consumismo — trem desenfreado —
Produz além do que é necessário
E que não está ao alcance do catador.

Portanto, não ignores os catadores, insisto,
Não os observes com olhos de vidro
Se foram renegados a um mundo medonho.
É do descartado que outros jogam no lixo
Que criam a possibilidade, no improviso,
Pois, acima de tudo, são catadores de sonhos.

RESISTÊNCIA

A semente foi plantada e não nasceu
A cacimba foi cavada e não brotou
O açude foi limpo, mas não choveu
A vaca foi pro brejo e não voltou.

A seca bateu à porta do agricultor
Por falta d'água ele os potes não encheu
Ninguém ouviu a sua voz quando bradou
Suas necessidades o governo não atendeu.

As orações São Pedro não acolheu
E no santo a culpa se depositou
O verde da mata de tão seco esmaeceu
Nem mandacaru resistiu a tanta dor.

A esperança do homem do campo não cessou
É luz na fresta que não escureceu
A enxada e a foice ele não abandonou
Só o poder público, parece, o esqueceu.

A luta é ofício que não morreu
É lição de sobrevivência forjada na dor
A semente lançada que não se perdeu
Cultivada pelas mãos do trabalhador.

CAMINHÃO BOIADEIRO

Vai longe o caminhão boiadeiro
Pra leste, sul, oeste e norte.
Vai levando uma boiada
De ovelhas rumo à morte.

Tarefa de caminhão boiadeiro
Encerra dos bois a sorte.
Parte cedo, de madrugada,
Pra levar o boi de corte.

Rastro de caminhão boiadeiro
É cheiro de esterco e morte
Que se misturam ao pó da estrada
Imprimindo medo forte.

Vejo no caminhão boiadeiro
A mansidão nos bois de porte
E no curral rumina a boiada
Enquanto o boiadeiro dorme.

PIRÂMIDE

Dos escombros da desordem surgem
Apáticas figuras na moldura social.
As hienas de outrora desdenham e grunhem,
Apoderam-se da carniça com fúria bestial.

O cenário é propício, as crises surtem
Efeito cascata que deflagra o caos.
As injustiças, como de costume,
Dançam sem véus a cobrir-lhes o mal.

Democracia é a ilusão que a política incumbe
A construção da ideia de que todo cidadão é igual
Embora a base esteja longe do cume,
Pirâmide construída de forma vertical.

A vida é breve e o tempo urge...
A consciência é ferida carecida de sal.
E a luta é a arma travada no lume
Que, uma vez acendido, transforma o "normal".

IMPRESSÃO[2]

Eu vi, através das tuas lentes,
Pés descalços no chão quente
Andarilhando, pretos, de carvão.
Grandes escadas erguidas pro alto
E homens galgando exaustos
Os degraus que levavam ao chão.

Vi o olhar ímpar da menina
Que já tão sério olhava por cima
Da porta semiaberta da velha casa.
Ao fundo, uma luz, do escuro emergia,
Deixava claro que a vida vazia
Um fio de esperança ainda guardava.

Também vi muitos homens, cobertos de lama,
Cujas escleróticas, as únicas cores brancas
A sobressair da mistura uniforme.
E suas mãos, principal ferramenta,
Escavando riqueza e sobrevivência
Num ritmo contínuo e forte.

Vi ainda a alegria no brincar altivo
De um garoto simples, jeito vívido
Que esquecia a miséria por um instante.
Em frente ao barraco de lona preta,

---

[2] Homenagem à Sebastião Salgado, fotógrafo brasileiro.

Voa o menino numa pirueta
Como voa o tempo, desconcertante.

Outrora vi sementes plantadas no chão,
Trabalhadores sob o sol coletando os grãos
E outros frutos do trabalho que vão à mesa.
Homens produzindo com trabalho árduo
A própria sobrevivência, transpondo os percalços
Impostos à sua natureza.

Não fora mera ilusão de ótica,
Mas um olhar que transpunha a porta
Para enxergar o que não é ficção.
É a realidade em preto e branco, o registro
De homens que passam desapercebidos,
Porém tuas lentes lhes deram visão.

SOCIEDADE IMPOSITIVA

Pobres insetos!
Se soubessem o destino que os aguarda,
Se desintegrariam
Antes de serem integrados
Nos mais variados pratos
Da culinária terceiromundense.

Haja criatividade
Para a criação de pratos tão variados!
E tudo para inculcar-nos a "boa ideia"
Do incremento de nutrientes...
A ilusão do sofisticado,
Para aceitarmos o inaceitável:
O fato abominável que é a fome.
A manipulação da barriga e da mente.

O básico será opção de poucos,
A escassez, condição de quase todos.
Mas as adversidades sempre soam como normais
Na sociedade dos desiguais.

TERRA E LUTA

Esta terra de tantas colheitas
Fora por mãos ásperas cultivada
Pra que da semente se extraísse o pão.
Nela plantou-se a sobrevivência,
O trabalho, que da consciência,
Transformou aquele que trabalhou o chão.

Esta terra, agora disputada,
Hoje regada com sangue de homens,
Já foi regada com muito suor.
Nela, a vida dura de trabalhadores
Foi amputada, perante os horrores
Da disputa injusta que arrocha os nós.

Esta terra pela qual se luta
E teve por ela sangue derramado
Dará os frutos aos que lutarão.
Pois a terra com luta cultivada
Pelas mãos do camponês calejadas
Produzirá fartura pra repartição.

A DOR DO INVISÍVEL

Ele passa como quem passa o dia
Olhando a rua tão cheia e vazia
Seguindo adiante e no mesmo lugar.
Ora tropeça na pedra e o caminho,
Às vezes tão longe, outras, pertinho,
Conduz o errante no seu caminhar.

Ele vê como alguém que já viu tudo:
A mesma indiferença que também o mundo
Acostumou-se a o dispensar.
Olhos de vidro, nem brilho ou alegria
Veem o trem de noite e de dia
Partir da estação sem nunca o levar.

Ele ri como quem perdeu toda a graça.
A vida lhe impôs aquela desgraça:
O frio da madrugada onde paredes não há.
Seguindo em frente, sem choro nem vela,
Maldiz o sujeito que, da janela,
É ele sujeito a ver a banda passar.

HORIZONTE PÁLIDO

Só o cinza traduz o vazio
Deixado no horizonte, distante
Dos leitos secos e árvores tombadas
Pela mão humana desvairada
Nesse sistema desestruturante.

A ambição que corrói a mente
E o lucro farto, imediato,
Abrem buracos no vasto chão.
A terra firme perde pra erosão
E a vida, para o contrato.

Vasto mundo, vasta natureza...
Antes infinda pensada, julgada,
Que horizonte te reservam,
Que futuro nos espera
Na competição de cores tão pardas?

As gerações vindouras verão as cores
Do sol poente além do muro, escuro,
Uma nova paisagem a iluminar?
O futuro é perto, é já!
Destruí-lo é intolerável absurdo.

DEVASTAÇÃO

A fumaça arde nos olhos
E o fogo voraz depressa lambe o chão.
O céu se pinta de escuro, de cinza,
Intensifica-se o risco de extinção.
A fauna, já tão escassa, perece,
A flora desaparece
No triste cenário da destruição.

As florestas estão virando cinzas,
Estão queimando do planeta o pulmão
Desprotegendo animais, solo, nascentes
Abrindo-lhe feridas como a erosão,
Transformando a paisagem — antes verde, colorida —
Num vasto território despido de vida
Que se compara à desertificação.

Ameaçam quilombolas, encurralam indígenas
E nesse conflito o sangue banha o chão.
A pecuária avança sobre as florestas
Também a monocultura cresce em extensão.
O mundo tornou-se uma mercadoria
E a vida, artigo de pouca valia
Pra corroborar com a produção.

O agronegócio é o grande negócio
Pode ser tech e pop, mas não é tudo não.
É a grande riqueza que esgota os recursos
Que concentra o lucro em tão poucas mãos.
É a menina dos olhos dos países ricos
Que, com análise de cálculo, ignorando os riscos,
Exploram os periféricos como o seu bolsão.

A sustentabilidade dizem ser o caminho
Para um desenvolvimento sem destruição,
Porém a ideia torna-se insustentável
Quando entra em cena a competição.
"O capitalismo" — Marx o dizia —
"Transforma tudo em mercadoria":
Da natureza ao próprio cidadão.

E é por isso que florestas queimam,
Que animais agonizam, entram em extinção
Que há tanta miséria onde há riqueza
Desequilíbrio e desigualdade, sua sustentação.
Um sistema que submete o valor da vida
Ao valor de troca, abrindo feridas
Levando o planeta à estagnação.

Quisera eu ardesse a consciência,
Como ardem os olhos ante a poluição,
Dos que destroem a nossa mãe Terra
Sem demonstrar a menor precaução.
Pois é uma herança maldita, a pior,
Que leva ao fim tudo ao seu redor
— O lucro sobre a vida, sua objetificação.

AGONIA

Fui mortificado em vida!
Meu couro, literalmente arrancado
Enquanto a carne tremia
Diante da covardia
Sem defesa imobilizado
Indescritível agonia.

Mesmo após a crueldade finda
O coração ainda pulsava
E a alma sangrava em alvoroço.
Era a escuridão no fim do poço,
O olho que esmaecia e piscava
Vendo o algoz escabroso.

Mas o ciclo cruel não termina!
Há mercado de luxo e demanda,
Quem manda é o consumidor.
E não importa o custo e a dor...
O importante é manter a banca,
Ainda que o preço seja o horror.

COMEMORAÇÃO POR QUÊ?

Se a educação não consta nas pautas
E o governo finge cumprir seu dever
Se as escolas estão sucateadas
Sem estrutura para a promoção do saber

Se os educadores da base estão desvalorizados
Sem formação consistente que melhore o fazer
Se o analfabetismo tem refletido o descaso
Das estruturas podres sobre as quais se assenta o poder...

Se o descaso com a cultura é um retrocesso
Se não há investimento em esporte e lazer
Se as minorias estão excluídas do processo
Da participação social, do direito de viver...

Se a democracia não representa progresso
Se os direitos são usurpados, eu protesto:
Comemoração por quê?

MOTE:
TUDO O QUE É SÓLIDO
DESMANCHA NO AR

É difícil entender as pessoas
Com os hábitos de acumular.
Há sempre algo novo de novo
Na sociedade do espetacular.
Mas, pra que tanto empenho no mundo
Em garantir um grau de consumo,
Se tudo o que é sólido
Desmancha no ar...

As pessoas buscam o novo e o caro
Como forma de se autoafirmar.
As virtudes viraram pelo avesso,
Valor é o que se pode pagar.
A banalização da vida virou norma
E os valores "saíram de moda",
Tudo o que é sólido
Desmancha no ar.

Há impérios herdados, concentrados
Em tão poucas mãos, que os fazem dobrar
E os recursos destinados aos donos
São só negócios que estes podem explorar.
E a consequência — esgotamento a curto prazo —
Pois tudo o que é sólido
Desmancha no ar.

A riqueza é a miséria do ser humano,
A produção da miséria por quem cego está.
E a feiura é o reflexo da beleza,
O lugar de poucos é de outros nenhum lugar.
O capitalismo, besta-fera medonha,
Implode aos poucos pela própria façanha:
Tudo o que é sólido
Desmancha no ar.

AOS MESTRES, COM CARINHO!

Somos nós que construímos a base
Que possibilita avanços futuros.
Nós que transpomos os muros
Apesar das dificuldades.
Pois ainda cultivamos a crença
De que nossa teimosa presença
Contribui para a humanidade.

Somos nós que, dia após dia, insistimos
Em ser o alicerce da construção
Mesmo que duro seja o chão
E apesar do escasso incentivo.
Continuamos firmes na lida,
Cientes de que a escola da vida
Reprova mais sem a educação.

Somos nós que, contra toda a adversidade
— Da desvalorização social à falta de apoio familiar —
Teimamos em continuar
A imprimir na realidade
Pequenas mudanças que, embora pequenas,
Poderão fazer a diferença
Em algum lugar da sociedade.

Não temos dúvida de que nosso trabalho
Não é valorizado, mas tem nobreza.
Precisamos, porém, ter clareza
E mobilização pra vencer esse atraso.
Só há saída na organização, na luta,
Só juntos quebramos as rédeas curtas
Que com mão de ferro nos impunha o Estado.

Solidariedade e força aos trabalhadores
Que enfrentam com bravura as dificuldades,
Que em face das mazelas da sociedade
Conseguem ser mais que professores.
Nossa comemoração não se limita ao calendário
Pois todos os dias somos bravos
Como o são tantos outros trabalhadores.

ANIMAL NA PISTA

O jumento é um animal
Já foi muito importante no sertão
Por transportar quase de tudo
Como cantava o rei do baião:
"O maior desenvolvimentista"
Carregando sem preguiça
Onde não passava caminhão.

Apesar de jumento,
De mula desempenhou a função
Ai do trabalhador da roça
Em tempos de escassez no sertão!
Não fosse esse animalzinho
A percorrer tantos caminhos
No alforje levando o pão.

Só quem viveu na roça sabe
Em tempo de precisão
Da falta que faz um jumento
Pra carregar palma, carvão...
Por isso, Luiz Gonzaga cantava
Com todas as letras falava
Que "o jumento é nosso irmão"!

Porém, hoje tudo mudou
Com a tal da evolução,
Transportes novos desenvolveram
E se alastraram pelo sertão.
E o jumento — pobre coitado!
Após servir pra tanto galho
Foi jogado no estradão.

Dá tristeza ver o jumento
Vagando sem rumo e chão
Nas margens das rodovias
A morrer de sede, inanição.
Relegado ao abandono,
Jumento, mas cão sem dono,
Sob o sol escaldante do sertão.

MEUS VERSOS

Não digas que os meus versos são tristes
Eles são apenas um retrato meu
Emoldurado pelos desencantos do mundo
Desprovido dos encantos teus.

São orações solitárias que se unem em prece
A fugir do calabouço que outrora as prendeu
Pássaros de fogo que revoam as noites
A procurar o sol que se escondeu.

Se meus versos incorrem em melancolia
Pelas linhas tortas dos rascunhos meus
É porque os rios que correm em meus olhos
São tão profundos quanto o é o adeus.

Contudo, escrevo, pois a vida é tênue
E o mundo, efêmero, mesmo em seu apogeu
Já as palavras, são grávidas de sentido
E dão abrigo ao coração de Orfeu.

CABOCLO SERTANEJO

Eu sou um caboclo roceiro
Nascido lá no sertão
Batizado pelo sol quente
Crescido no duro chão.
Iniciado no trabalho
Que foi meu aprendizado
Desde que me entendo por gente.
Minha escola foi o roçado
Onde aprendi a ser grato
Pelo cultivo da semente.

Minhas mãos estão calejadas,
Os sapatos gastos, cheios de espinhos,
Meu despertador é o galo
Minha música, os passarinhos.
Depois de um dia enfadonho
Sob o astro rei medonho
Que castiga o espinhaço,
Pego o caminho de casa risonho
E à noite cultivo sonhos
De vaqueiro em cavalo alado.

Eu gosto de apreciar a arte
Que produz a mãe natureza.
Formas, cores, tons, texturas
E sons pra embalar tanta beleza:
O espetáculo do sol poente,
O murmurinho de uma nascente,
O céu prateado de estrela e lua
E a chuva a fertilizar a terra quente,
Acalentando no seu ventre
Futuros grãos de alegria e fartura.

Por isso sou muito feliz,
À natureza sou muito grato.
Não me importo com aqueles
Que dizem que sou atrasado.
Podem me chamar de matuto,
Chico da Loca, caboclo rústico...
Eu dispenso tais dizeres.
Me faço de surdo-mudo
Pois na roça tenho de tudo,
Não invejo outros prazeres.

VIAGEM

Eu embarquei no trem, passagem só de ida,
Ficou uma mala esquecida na estação
De surpresas, de espantos, de expectativas...
Retalhos de um passado que não foi vão.

O trem partiu, não houve despedida
Nem troca de olhares ou aceno de mão.
Minh'alma na plataforma ficou partida,
Meu corpo frio, sem o coração.

"A plataforma dessa estação é a vida"
E as utopias, pássaros que voo alçarão.
Voarei sem encontros nem despedidas
E descansarei enfim no porto solidão.

A MENINA DO TRICICLO

Brincava feliz a menina
Sem a mínima percepção
De que aquele vasto território
Era um pedacinho de chão:
O pequeno quintal da vizinha
Ao qual a infância concedia
Uma grande proporção.

A menina pedalava o triciclo
Percorrendo em círculo o quintal
Com um largo sorriso amarelo
E brilho nos olhos sem igual.
Naquele instante não existia outro mundo
E a única fronteira, o pequeno muro,
Longe de ser um ponto final.

Assim, passavam-se as horas...
Mas a menina, teimosa, não dava licença,
Não queria dar ao triciclo descanso
Ainda que lhe pedissem com paciência.
Não entendia aquele pedido,
Nem percebia o tempo decorrido
Na mais completa inocência.

Até que, uma noite, um adulto insistiu:
"Dá licença, por favor"!
Ela fitou-o então constrangida
Procurando o chão que dali desabou.
Enfim, deixou o triciclo num canto
Emudecida por aquele espanto
Que do brinquedo lhe afastou.

PÁSSARO CATIVO

O sol adentra a janela convidativo
Desmanchando a penumbra da minha solidão,
Será que ainda há tempo pra sorrir
E ouvir as batidas do próprio coração?

Eu, que passo os meus dias qual pássaro sem asas
Contemplando apenas meu vasto sertão,
Canto baixinho um cantar magoado
Que ecoa calmo como o ribeirão.

Quem sabe algum dia o tempo corroa a gaiola
E o pássaro cativo torne-se livre então...
Voarão juntos, pássaro e felicidade,
Na velocidade da minha canção.

Eu abro as cortinas, sinto o cheiro das flores,
O cheiro de terra das chuvas de verão.
Mas, quando estou só, há somente inverno,
Os dias eternos, os pés sem o chão.

FUGA

Meninos, voltem!
O trem ainda não chegou à estação
E seu apito nem deu sinal de estar perto.
Por que tanta pressa?
Não deixem as cadeiras vazias
Nem seus mestres solitários;
Não corram em desespero
Porque a velhice é um copo de vida
A ser consumido com goles atentos,
Antes de transbordar.

PESCADOR DE ILUSÕES

Tal qual o sol ilumina os dias
Iluminas a vida com tua sutil presença
E quando este se esconde, em crepúsculo,
Não pede aos seres que lhe deem licença.

Depois vem a lua toda majestosa
Iluminar as noites, cobri-las de prata
E tu, tal como o sol fizera,
Me deixaste no cais enamorada.

Vieram os navios, que também partiram;
Foram-se as estrelas, que ao mar sucumbiram.
Nem voltaste para contemplar...

E o pescador de ilusões, a sós no porto,
Viu ofuscado o seu próprio rosto
Nas águas escuras daquele mar.

PRESSA

Pra que afligir-se a correr pela porta,
A imitar as horas que nunca esperam...
Se o tempo é carruagem de fogo que voa
E encontrando o andarilho, no caminho atropela?

O som dos relógios sincroniza a aflição
E o coração, sem compasso, bate às pressas,
Na disritmia que a vida apresenta
Quando falta à engrenagem uma peça.

O tempo não para, nem quando a vida foge...
E só pra quem morre, talvez, é que cessa.
Por isso, não corra, não dispute com o tempo,
Só o pensamento corre mais depressa.

SERTÃO

No meu sertão onde o vento quente
Leva recados do sol ardente
Aos quatro cantos onde soprar...
Não há tanta água ou palmeiras
Mas, também lá as aves gorjeiam,
E canta alegre o Sabiá.

No meu sertão há muitos retratos:
Ora de exposição, ora de anonimato,
Do homem rico e do vaqueiro.
Oscilam entre a tristeza e a alegria,
Entre a morte e a euforia
— No seu silêncio, no seu desespero.

No meu sertão, a lua tão clara
Com as estrelas cobrem a noite de prata
Inspirando poetas e violeiros.
Eles cantam desencontros e voltas do amor
E a alegria que lhes embalou
Ao encontrar o seu amor primeiro.

No meu sertão, a flor mais bela
É tão delicada, é aquela
Que suaviza o pé de Mandacaru.
Entre seus espinhos ela desabrocha
Branca como a neve, cheirosa,
Inclinada para o céu azul.

PRESENTE

Eu queria dizer-te umas palavras,
Mas elas voaram e eu fiquei no chão.
Deixaram-me sozinha como também o fizeste,
Andorinha sozinha não faz verão.

Eu queria desenhar-te umas figuras,
Mas o dia está pálido, calado, tristonho...
Então, faço apenas rabiscos sem nexos,
Protestos de mundo, esboços de sonhos.

Eu queria dar-te o presente mais bonito,
Mas o céu infinito está hoje nublado.
Por isso, ofereço-te a flor singela do campo,
As coisas mais simples são o presente mais caro.

MOTE:
À SOMBRA DAQUELE ALGAROBA
REPOUSA MINHA LEMBRANÇA

Meu Boqueirão, minha terra,
O berço da minha infância
Trago-o sempre na lembrança
Como o conheci outrora:
Tão perto como a memória,
Longínquo como a distância
À sombra daquele Algaroba
Repousa minha lembrança.

No terreiro, reinava imponente,
Cobrindo-o com sombra fresca,
Um presente da natureza
Qu'inda hoje lá está presente
Tal qual era na infância,
Bela árvore frondosa
À sombra daquele Algaroba
Repousa minha lembrança.

Eu sentava-me toda tarde
Sobre sua raiz descoberta
A contemplar a paisagem amarela
Que o sol com a luz pintava.
Seu galho me balançava,
Suas folhas bailavam em dança
À sombra daquele Algaroba
Repousa minha lembrança.

Lembro bem das engrenagens
Debaixo da grande árvore
Resquícios de uma fase
De trabalho e de doçura.
Retrato de uma época dura,
Mas cheia de esperança
À sombra daquele Algaroba
Repousa minha lembrança.

Não posso jamais esquecer
Que era lá onde eu brincava
No balanço eu voava
Minha infância passou num balanço.
Eu olho pra trás e não canso
De reviver os tempos de outrora.
É parte da minha história,
Não importa à distância
À sombra daquele Algaroba
Repousa minha lembrança.

SAUDADE

Triste é voltar pra casa e não te ver ao portão,
Adentrar a sala e não te encontrar no sofá,
Procurar teu olhar ligeiro, desconfiado,
Não o ter do meu lado ao caminhar.

Saudade de quem parte é caminho sem volta,
É distância infinita, buraco na alma.
Não poder segurá-lo em meu colo, afagá-lo,
É ter as mãos vazias, sem tato, sem palma.

O vazio é buraco negro que destroça o peito,
E não há jeito, quando nem o tempo é remédio.
Só me resta guardá-lo no baú de carinhos,
Pra não me afogar no poço do tédio.

NATUREZA MORTA

O vento uiva soprando a janela,
Suas sacudidelas abanam as cortinas,
E rompe o quarto escuro onde, adormecidos,
Estão os sonhos da doce menina.

Adentra sorrateiro pelo corredor adentro
E, desatento, o vento frio a embala.
Voam pelo escuro: silêncios, murmúrios;
Escorrem pela face: lamento e lágrima.

Um gemido entrecortado vomita sua boca
Há poucas horas ouviu-se um ranger de porta
Já não era o vento desconfiado, intruso,
Era a luz sobre a natureza morta.

RECORDAÇÃO

Sob a luz fraca da vela
Volto à tarde empalidecida
Do sertão da minha vida
Visto daquela janela.
A saudade me acotovela,
Me deixando a desejar
Por já não poder regressar
Àquela casa amarela.

Meu Boqueirão virou tela
Na lembrança amarelecida
Pelo tempo descolorida,
Como a folha que amarela.
Porém continua a mais bela
Obra-prima a se contemplar
E o tempo não pode apagar,
Pois minha alma está nela.

O sol se esconde na serra,
A luz da lua concebida
Traz à tona a adormecida
Paisagem seca, de pedra.
Nem o vento se altera,
Nenhuma folha a balançar,
Só há o silêncio a embalar
A noite estrelada da mi'a terra.

Vou retornando, sem mais pressa,
À realidade vivida
E a lembrança emergida
Deixo voar pela janela.
Já que a luz pálida da vela
Deixa aos poucos de brilhar,
Pois o sol vem a raiar
Sobre o dia que começa.

AUTORRETRATO

Permito que o vento revele os fios de prata
Branqueados pelas luas que passaram outrora
Os fios que dançam entrelaçados e soltos
Nos bailes da vida, nos palcos da memória.

Os lábios cerrados a maior parte do tempo
Compõem a seriedade pela via silenciosa
As mãos tão rudes, grandes e ásperas
As passadas largas que são da estrada senhora.

Pois que venha o tempo e mostre minha face
Marcada pelo sol, por tristezas e glórias
Os olhos tranquilos, pestanejar sem pressa
E nas linhas de expressão, a impressão de histórias.

VEREDAS

Se acaso eu me perder nas veredas
Que cortam o extremo sertão
Terei como guia a lua, as estrelas
E o Jurutaí a cantar-me a solidão.

Preciso partir antes que o sol apareça,
Seque a última cacimba e retalhe o chão
Eu sou viandante das paragens ermas
Solitária ave de arribação.

Me enveredo no rio temporário de areia
O atravesso até que fique pra trás o último grão
Procuro um rastro no caminho que serpenteia
E, apesar da peleja, só encontro ilusão.

PASSAGEM

Quando passar por aquele caminho,
Não olhes com o pesar de um fim
Nem chores como o desesperado
Que, sofrendo de antemão,
Paralisa ou apressa o devir.

Quando passar por aquele caminho,
Não grites como se fosse a última fala
Nem emudeça na companhia do silêncio
Que, transgredindo as batidas do coração,
Sintoniza a dor quando para.

E, quando chegar àquele destino,
Não se deixe embalar pelo medo certo
Nem morras do tédio que ronda teimoso.
Fique apenas com o sol do verão
Que suaviza a solidão do inverno.

O TEMPO

O tempo é uma gota d'água
Prestes a se desprender, morosa,
Quando menos esperamos,
Ao fecharmos os olhos um instante,
Ela cai silenciosa.

O tempo é uma canção
Com a qual embalamos o caminhar.
Cada qual com uma nota,
Quase todos num só ritmo,
Ou fora do ritmo a dançar.

O tempo é o caminhar atento,
Aquele relógio atrasado,
O trem a passar na estação.
Tempo, esquina de espera
Ou tempo (des) construção.

O CARTEIRO

Hoje esperei notícias suas
E, mais uma tarde, subi à rua,
Olhei entre as grades do portão.
Passou o carteiro num passo apressado,
Deixou correspondência no portão ao lado,
Ficou vazio o meu coração.

Há algum tempo te enviei umas linhas
Dizendo da saudade que tinha,
Que algum dia ela iria me matar.
Pelo carteiro é que mandei mensagem
E aqui espero quando da sua passagem,
Que também tuas linhas tenha pra deixar.

Já está tarde e fico à janela
Olhando a paisagem nem sempre tão bela
Porque com olhos de solidão a vejo.
Também essa tarde, como todo dia,
Continuei com a nostalgia,
Nenhuma carta deixou o carteiro.

Ah! Se me perguntassem o que queria
Pra esboçar um sorriso de alegria,
Responderia apenas: "Que o carteiro
Trouxesse mensagem de alguém distante".
Então seria por um breve instante
A flor mais bela do jardim inteiro!

CASA AMARELA

Aquela casa amarela
Tão humilde, porém bela,
Não sai da minha lembrança.
Nela, vivi os anos mais felizes
Que hoje me vêm como filme
Retratando a infância.

A luz vinha do candeeiro,
O quintal era o terreiro
Onde manhã e tarde eu brincava.
Brinquedo era resto, era tudo
O que se jogava no monturo
E que a gente recriava.

No fogão, a lenha estalava
E o café no bule exalava
Um aroma sem igual.
Enquanto "assentava" a borra escura,
Mãe coava o leite em "escuma"
E pai trabalhava fazendo o girau.

Os frutos da roça sobre a mesa grande,
Sinal do esforço duro e constante
Do trabalho de pais que calejaram as mãos:
O leite de vaca, pamonha, xerém,
Café torrado em caco de barro e também
Farinha de milho pra misturar no feijão...

Lá fora, um Algaroba grande, imponente,
Oferecia a sombra como presente,
Era um refúgio ao sol escaldante.
E no "oitão", um velho Juazeiro
Resistia bravo aos destemperos
Das secas longas e castigantes.

Após muitos anos de paz e alegria,
Restou a saudade da casa que um dia
Fora o meu berço, meu abrigo, meu lar.
Hoje a casa está longe e eu, longe dela,
Mas ainda contemplo da minha janela,
O pensamento o tempo não pode apagar.

MEMÓRIA

A casa singela
Tinha cheiro de saudade.
Cheiro de café,
Cheiro de fumaças:
Do fogão à lenha,
Do candeeiro.
Tinha um cheiro
A casa velha:
Cheiro de família,
Cheiro de alegria,
De chegada e de partida.
Tinha cheiro de canteiro,
De borboletas e flor,
E um cheiro inesquecível:
O doce cheiro do amor.

O JARDINEIRO

O jardineiro é um cuidador
Que faz do jardim o seu próprio ninho
Tal qual um passarinho
A embalá-lo com cantos de amor.

O jardineiro é um cuidador
Que planta, rega, poda, cultiva
Embriagando de perfumes a vida
Enfeitando o mundo com alegria e cor.

Ah, jardineiro cuidador!
Também és tu parte do jardim
E não sossegas até deixá-lo belo.

Além de tudo, és como o Japim
Teu repertório se espalha, assim,
À natureza tens amor sincero.

À LUZ DE VELA

Quando a vela lentamente se apagou
E o homem, na madrugada pôs-se a dormir
Veio um barco e no cais distante aportou
Quando anunciava o dia o Bem-te-vi.

O sol doirava as águas da praia
Desenhando nelas brilhantes estrelas,
O vento intranquilo balançava as velas
E o homem levantava-se para poder vê-las.

No cais, onde aportam as embarcações,
Lugar em que as ondas rebeldes quebraram,
É onde ele pesca também ilusões
E suas alegrias lá naufragaram.

Mas, já é tarde e o sol, em crepúsculo,
Se escondendo no horizonte devagar,
Se despede — das folhas, das águas... de tudo.
Também o homem se apressa em voltar.

Já é noite, a vela acesa denuncia:
Há um homem acordado, solitário a pensar
Que logo que a vela devagar se apague,
Com barcos e velas ele irá sonhar.

AMOR PLATÔNICO

Ando perdido nos descompassos
Desse amor platônico que açoita meu peito.
Não me vejo nos meus próprios olhos,
Neles somente o reconheço.

Não tenho cara de me olhar no espelho
Já não me vejo nele refletida.
Os meus conflitos — só por tua causa!
— Me cortam a alma, me dividem a vida.

Por que, meu Deus, a coincidência
Colocou em minha frente a pessoa tua?
E por que, Vênus, tu me entorpeceste
De princípios me deixando nua?

Não posso ver-te nem te tocar,
Tampouco sei se sabes que existo...
Estás tão longe ou está tão tarde,
Que o meu coração bate tão aflito!

O meu consolo é saber que posso
Idealizar ao menos, imaginar-te:
O aconchego do teu colo, tua boca doce...
E mesmo em sonho poder abraçar-te.

SAUDOSA INFÂNCIA

Despedi-me da infância
Com a mais profunda saudade
Meu Deus, aquela idade
Me deixou tantas lembranças!
Eu era uma criança
Dentre as outras tão feliz...
Porém, o curso do destino
Me fez crescer, mas o menino
Não perdeu sua raiz.

O tempo passou tão depressa
Quanto as chuvas de verão!
Com ele passaram o São João,
A fogueira, as serestas,
Agosto e suas festas
Para as quais às vezes só olhava;
E as noites no sereno
Quando ia ao engenho
E a vida adoçava!

Passaram as espigas de milho
Que em bonecas se transformavam.
As casinhas também passaram,
As cantigas, os estribilhos.
A vida perdeu o brilho
Pra ganhar um brilho novo

E eu guardei dessas passagens
As mais ternas imagens
No meu peito pesaroso.

Lembro-me de uma Andorinha
Que eu — juro! — acreditava
Que se fosse alimentada,
Dentro em breve cantaria.
E ela nunca cantou um dia,
Pois ela era de pano!
Mas eu, com muito carinho
A colocava no ninho
Com a pureza do engano.

E aquele pé de Algaroba
Em cuja sombra eu brincava
Toda tarde ensolarada,
Como sempre fora outrora...
Embaixo havia uma roda
De engenho velha, sozinha,
Que pra mim era brinquedo
Sem sofisticação nem segredo,
Com a qual me divertia.

Os amigos — quanta alegria
À minha vida proporcionaram!
Quantas vezes me acompanharam
Naquele rio que corria.
E quando não mais havia

Água no rio pra nos banhar,
Pulávamos na areia quente.
Não havia empecilhos pra gente
Quando queríamos brincar.

São mesmo tantos momentos
Que não se pode esquecer.
Tanta coisa a escrever
Nas linhas do pensamento,
Onde nem mesmo o tempo
É capaz de apagar
Porque são de um passado fecundo,
São memórias de um mundo
Que não mais voltará.

PAI HERÓI

Hoje minha vida perdeu
Um pouco da alegria que tem
Porque a despedida de alguém
Por quem se tem tanto amor
É uma dor sem medida,
Que acompanha toda a vida,
Deixando-a um tanto sem cor.

Meu pai querido, meu herói, meu espelho
Te fizeste forte pra nos ver crescer.
Quantas vezes, antes do amanhecer,
Te encaminhaste pra lugares longes,
Deixando o lar em busca de trabalho,
Ignorando as dores e o cansaço
Para livrar os teus filhos da fome.

Teu rosto cansado, castigado pelo Sol,
Tuas mãos calejadas pelo cabo da enxada
São impressões que te deixou a dura faina
Da difícil lida de agricultor.
Teu coração sempre foi da terra
Sobreviver sempre foi uma guerra
Na qual mostraste teu grande valor.

Vivo estás nos corações dos que te amam
Nos causos da vida por ti relatados
No exemplo de coragem para nós deixado
E nas recordações impressas pela casa:
A mesma xícara na qual bebias café,
O mesmo canto, a mesma rede que te fazia cafuné
E o teu consolo e indispensável "pacaia".

RESSENTIMENTO

Ressinto-me da tua partida...
Minh' alma é barco que na saudade naufraga.
Quisera poder sanar as tuas dores,
Mas a morte nunca foi sensata.

Não vou proclamar o quanto te amo
Porque amar é verbo e as palavras, vãs.
Mais vale o pequeno, porém sincero gesto,
Que todo discurso dito pela mente sã.

E eu, que já nem quero ter sanidade,
Que já nem pretendo ter qualquer razão...
Ora me deixo levar pelo engano,
Ora me afogo na própria solidão.

PRESENÇA

Eu queria amenizar-te as agonias,
Mas a razão e o medo sempre me fizeram fraquejar.
É preciso ser louco muitas vezes, se queremos sobreviver
É preciso ser anormal, outras tantas, se não quisermos
nos afogar.
Navegar é preciso e, às vezes, mais sabido é flutuar.
É preciso dizer se não se quer engasgar,
Tenho calado demais quando deveria gritar.

Eu queria soltar tuas mãos, mas não tive coragem.
Eu queria gritar pra saberes da minha presença, mas calei.
Eu queria chorar, mas travei.
Assisti à tua partida atônita e imóvel
Como o autômato enferrujado que virei.
Contudo, gostaria que soubesses de algum modo
Que o meu coração, meu amigo,
Esteve o tempo inteiro contigo
Mesmo quando me ausentei.

LEALDADE

As águas que navego são águas contrárias
É preciso que os lemes sejam rijos, fortes
E o marinheiro, paciente e firme
Pra chegar inteiro no rumo norte.

É preciso sobrenavegar intrépidas correntezas
E as incertezas deixá-las afogar
Seguir o raio de sol interior
Farol que guia sem nunca apagar.

Por isso, inda sigo, já que "estamos todos
Num mesmo barco, em mar tempestuoso e devemos
Uns aos outros uma terrível lealdade"[3]
E só assim sobreviveremos.

---

[3] Gilbert Chesterton, ensaísta e romancista popular.

MARINA

Marina não queria o mundo
Só queria o mar.
Marina não queria muito
Só queria amar.

Há tantas Marinas em poucas janelas
Querendo quebrar as tramelas, voar...
Soltando os cabelos ao vento
Pra sentir que ainda é tempo
De sonhar.